세상에서 가장 짧은 시

박영서 시집

찰나, 우주를 품다

도서출판 때깔

작가의 말

단장 시조로 쌓은 문학 인생의 꿈

어느새 팔순이다. 무엇인가 기념으로 남기고 싶어 단장 시조집을 내기로 다짐하고 2년 전부터 열심히 썼다. 많은 장르 중에서 시조 를 쓴다는 것에 남다른 긍지와 자부심을 느꼈다. 단장 시조. 딱 한 줄, 극도로 짧지만 초 긴장감을 느끼게 하는 15자의 완숙된 시야말로 촌철살인적이지 않을 수 없다.

초장 중장 종장으로 된 시조의 마지막 종장만으로 완벽하게 표현해야 하는 작업이야말로 빛 가운데 소금 또는 수행자의 진신사리가 아닐까. 두렵기도 했다.

감히 말씀드리면 시조란 형식의 테두리 안에서 그마저도 종장만으로 한 편의 시를 창작한다는 것은 찻잔 속의 태풍이라 고나 할까, 번득이는 번개의 섬광 속에서 찰나가 꿈꾸는 영원은 깊고 넓고 높은 이상을 지향하는 것이라 단정 지을 수도 있다는 생각도 든다. 다만 시조계의 거목이신 이은상 선생이 처음 시도 한 바 있는 29자의 양장 시조와 반영호 시우의 단장 시조집 "퇴화의 날개"가 문학계의 주목을 받았음에 큰 용기를 얻고 위안을 받았다. 100만 독자들의 사랑을 받고 있는 17자로 된 일본의 전통 하이쿠가 전 세계에서 200만 명에게 호평을 받고 있음에도 힘을 얻었다.
 이것이 단장 시조를 쓰게 된 동기가 되었다는 것도 부인할 수 없다. 한편 독자로 하여금 코로나로 어려운 시대에 편 편의 시 가 작은 위안이 되고 치유가 될 수 있다면 필자는 더 이상 바랄 것이 없다.

 이 책이 출간되기까지 그동안 함께 단장 시조를 공부하며 조력해 준 부산, 공주, 세종, 그리고 음성에 거주하는 문우들에게 많은 도움을 입었음을 감사하며 지난여름 무더위 속에서 상징화를 그려 주신 박미숙 화백과 선뜻 표사를 써 주신 반영호 반숙자 이정희 문사께도 진심으로 감사를 드린다. 아름다운 출판에 애써주신 도서출판 편집위원께도 심심한 감사를 올린다.

2022년 4월 월촌각에서, 월촌 박영서

제1부
땡 잡았다

운명	12
인생무상	13
땡 잡았다	14
어떤 기다림	15
회고록	16
고려장 高麗葬	17
마침표	18
황혼	19
노인의 섣달그믐	20
영끝	21
고백	22
호수	23
여로 旅路	24
권력 무상	25
후회	26
홀아비 심경	27
유산	28
대국	29
오매불망	30
풍경소리	31
믿음	32

제2부 만추월야

바닥	34
그리움이란	35
절개	36
추억	37
당신의 빈자리마다	38
미련	39
보쌈	40
만추월아 晩秋月夜	41
세월을 장기 복용하라	42
소꿉동무	43
상사병	44
임의 흔적	45
하얀 끝동	46
해우소	47
여행하는 노인의 기도	48
유년의 기다림	49
노로 바이트	50
진심의 잣대	51
당연지사	52
아내	53
적요 寂寥	54

제3부
민달팽이의 허세

단풍	56
안개	57
낙엽	58
은행銀杏	59
모과	60
밤안개	61
봄비	62
진달래가 필 때면	63
민달팽이의 허세	64
엄마의 눈대중	65
산수유	66
겨우살이	67
개나리	68
등허리	69
고사목	70
덩쿨장미꽃이 질 때면	71
홍매화	72
배꼽	73
코스모스	74
통성냥	75
어느 노인의 회고록	76

제4부
쩐

복수초	78
응어리	79
독도	80
겨울비	81
마스크 대란	82
코로나19	83
통풍	84
호수	85
게의 모순	86
허수아비	87
비공개	88
쩐	89
졸음	90
단장 시조	91
몽당 연필	92
봄비 1	93
빚투	94
빈병	95
옹이	96
봄눈	97
가위 바위 보	98

제5부
서당개 삼 년이면 풍월을 읊는다더니

불면증	100
민물매운탕	101
파문	102
분재	103
별똥별	104
밤에 오는 눈	105
간이역	106
마중물	107
설상가상	108
묵은지	109
바깥마당	110
카푸어	111
주막 야경	112
첫눈	113
심장 초음파	114
대작對酌	115
노인의 탄식	116
남편의 딴전	117
서당개 삼 년이면 풍월을 읊는다더니	118
눈길	119
하얀 하트	120

제6부
떠난 후 알았습니다

낙숫물 소리	122
노인의 틀니	123
밀물	124
흰 고무신 한 켤레가 염불소리에	125
갯벌	126
갯벌 1	127
물그림자	128
홀어머니의 일기장	129
뜬소문	130
오륙도	131
엄마가 보낸 쑥개떡	132
부뚜막	133
보릿고개	134
소가 웃는 이유	135
근친覲親	136
시집살이	137
짝사랑	138
보리개떡	139
떠난 후 알았습니다	140
정지	141

감상평   142

겨우내
꽃이 되지 못한
너의 고백이여
어서 밖으로 나와
같이 봄이 되자
함께 빛으로 걷자

월촌각에서

제1부
땅 잡았다

운명

싫어도 따라가거라
외길인데 어쩌니

인생무상

옷 한 벌 얻어가려고 그토록 사투했나

땡 잡았다

뜻밖에 인어가 걸렸다
내 성긴 그물망에

어떤 기다림

베란다 난간을 잡고 주차장만 살피네

회고록

한 고비 넘길 때마다
기록한 삶의 고백

고려장 高麗葬

이승의 종착역으로 이사 보낸 노부모

마침표

이대로 멸망하는가
점 하나 찍은 죄로

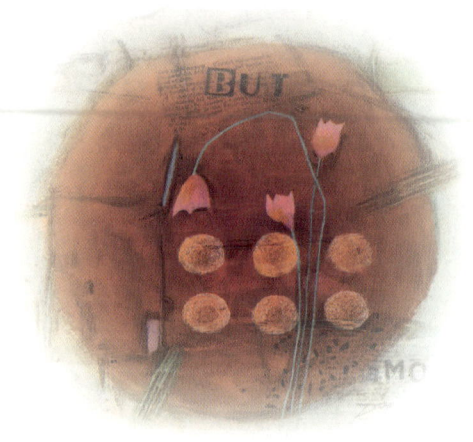

황혼

황홀한 노을에 취해 낙조인 줄 몰랐네

노인의 섣달그믐

한 뼘 만 더 길었으면
오늘 밤 만이라도

영끌

아파트 장만하려고 영혼까지 팔았다

고백

속살을 들어내 보인
감추었던 밑바닥

호수

세월의 풍상우로를 가슴속에 묻었다

여로旅路

승차권 한 장만 믿고
홀로 떠난 미지 여행

권력 무상

쥘수록 빠져나가는 여의도의 모래알

후회

무심코 던진 돌 한 점
자충수가 될 줄야

홀아비 심경

월영루 누운 달빛이 소복한 임이런가

유산

그 세월 무게를 견딘 아버지의 회고록

대국

가볍게 던지고 나서 후회하는 돌 한 점

오매불망

다시는 당신 없는 세상
견디게 하지 마오

풍경소리

청량한 쪽빛 여운이 반야경을 읊는다

믿음

당신의 듬직한 어깨 태산도 맬 것 같아

제 2부

만추월야
晚秋月夜

바닥

더 이상 추락은 없다
노숙인의 자존심

그리움이란

퍼내고 또 퍼내어도
    넘쳐나는 옹달샘

절개

청상의 타는 마음을
송곳이 어찌 알까

추억

고향집 벽장 깊숙이
   쟁여 놓은 사진첩

당신의 빈자리마다

한 방울 흘린 눈물이
동해를 채우겠네

미련

오롯이 마음 한 덩이
    떼어놓고 갑니다

보쌈

치마폭 따라온 달빛
횃대보 히롱하네

만추월야
晩秋月夜

오동잎 구르는 소리
    환부鰥夫 가슴 찢는다

세월을 장기 복용하라

사랑의 물살에 베인
실연녀의 특효약

소꿉동무

동화 속 주인공처럼
　　어릴 적 신랑 각시

상사병

밤마다 주리를 튼다
꿈 속의 그 여인이

임의 흔적

파도여 발자국 쓸지 마라
　　　　가신 임 잊혀질라

하얀 끝동

상부孀婦의 손목에 채운
뺄 수 없는 은팔찌

해우소

인간사 온갖 번민을
    발효하는 보리 도량

여행하는 노인의 기도

예쁘고 젊은 여인이
옆자리에 앉았으면

유년의 기다림

날 새면 오실는지요
　　　외갓집 간 울 엄마

노로 바이트

아들의 철부지 선물
노부부의 포도청

진심의 잣대

한 치도 안 되는 것이
        잣대로 잴 수 없네

당연지사

태양이 힘차게 뜨면
노을도 황홀하다

아내

기억 속 그 너머까지
　　지지 않는 꽃송이

적요寂寥

바람만 머물다 가는
간이역의 플랫폼

제3부
민달팽이의 허세

단풍

환향녀 시집간다네
연지 곤지 짙게 찍고

안개

해 뜨면
떠나갈 길을
찾아오긴 왜 했어

낙엽

짙푸른 기억 저 너머
방황하는 수채화

은행 銀杏

당신은
이중인격자
방귀 뀐 신부처럼

모과

얼굴은 박색이지만
살 냄새는 만리향

밤안개

깊은 밤
가로등 아래
춤추는 발레리나

봄비

애달픈 사랑이런가
소리 없이 우는 너

진달래가 필 때면

겨우내 참았던 연정
들불처럼 거세다

민달팽이의 허세

뼈대도
없는 주제에
족보는 왜 찾을까

엄마의 눈대중

구태여
재지 않아도
발에 맞는 운동화

산수유

얼음골 헤집고 나온
봄빛 노란 알갱이

겨우살이

저것 봐
겨울의 끝자락에
푸른 절개 달렸네

개나리

그대는 샛노란 순수
내 청춘의 순애보

등허리

한집에
같이 살아도
볼 수 없는 동기간

고사목

고목에 꽃이 핀다는
전설 배고 꿈꾼다

덩쿨장미꽃이 질 때면

꽃부리
벗어 놓던 날
흥건한 핏물 자국

홍매화

첫날밤 옷고름 푸는
속눈썹 긴 새색시

배꼽

태초의
전설을 품은
신비로운 분화구

코스모스

길가의 키다리 파수꾼
목이 길어 제격이군

통성냥

한방에
떼 지어 자니
일 치르기 글렀군

어느 노인의 회고록

팔십 년
희로애락이
길과 함께 걸었다

제 4 부

쩐

복수초

봄 처녀 기다리다 지쳐 전령사가 되었나

응어리

가슴속 깊숙이 박혀
뺄 수 없는 돌덩이

독도

파도가 빚어낸 걸작품 동해의 막내둥이

겨울비

때 이른 계절의 위선
얼음보다 차갑다

마스크 대란

도도한 당신의 얼굴 어느 때나 뵈올꼬

코로나19

가리고 씻으라 한다
부끄러운 인간사

통풍

빈곤한 굽은 가지를 바늘로 쑤셔댄다

호수

세월의 풍상우로를
가슴에 묻고 산다

게의 모순

녀석아 똑바로 걸어 조상 망신시킬라

허수아비

지평선 외로운 모델
족쇄 채운 발걸음

비공개

그 녀석 엉큼하구먼 그런 속내 있을 줄

쩐

졸부의 절대자이다
말죽거리 배추밭

졸음

백두급 천하장사도 제 눈꺼풀 못 든다

단장 시조

열다섯 글자가 품은
찰나의 언어 여행

몽당 연필

침 발라 꾹꾹 눌러 쓴 할머니의 향학열

봄비 1

첫사랑 그리움인가
속삭이는 귀엣말

빗투

울적한 빛과 그림자 핑계뿐인 말잔치

빈병

마음을 비운 후부터
천더기가 되었다

옹이

울 엄마 거친 손마디 깊이 박힌 굳은살

봄눈

무엇이 그리도 바빠
오자마자 가는지

가위 바위 보

한 이불 덮고 자면서 자리 다툼 왜 할까

제 5부

서당개 삼 년이면 풍월을 읊는다더니

불면증

어둠이 짙어질수록
　별빛은 초롱초롱

민물매운탕

강물이 붉은 노을을
　　맛깔나게 끓인다

파문

오히려 아픔이라면
　뒤척여라 파도여

분재

청춘은 그대로인데
　　　나이테만 늘었군

별똥별

하늘과 하늘 저 끝에
　떨어지는 짚 나인

밤에 오는 눈

알몸을 보일 수 없어
　　밤에만 오는 여인

간이역

어디로 떠나갔을까
　　그 사람 그 추억들

마중물

한두 번 맛을 보여라
　　진수를 맛보려면

설상가상

힘겹게 벗어난 습지
　　앞을 막는 가시밭길

묵은지

언제나 친숙한 군내
　　엄마 손맛 못잊어

바깥마당

맘대로 사고파는 땅
꼬마들의 놀이천국

카푸어

집 보다 외제 승용차
      손뼉 치는 할부금융

주막 야경

처마 끝 걸린 주마등
  나 몰라라 졸고 있네

첫눈

마음만 설레게 하고
　　몰래 떠난 그 여인

심장 초음파

덜커덕 들킬 뻔 했다
　감춰둔 그 여인을

대작 對酌

친구와 같이 마시면
　소태인들 쓸소냐

노인의 탄식

세월과 다투는 사이
청춘 역은 지나갔네

남편의 딴전

어젯밤 입 맞춘 여인
　　당신이 아니었소?

서당개
삼 년이면
풍월을 읊는다더니

두타산頭陀山 굴참나무는
　　　　　반야경을 읊는다

눈길

어허라 디디지 말게
　　하얀 마음 멍들라

하얀 하트

사랑이 목말라 우는
　　　실연녀의 눈물샘

제 6부
떠난 후 알았습니다

낙숫물 소리

그녀의 슬픈 사연을
자판이 받아쓰네

노인의 튿니

험난한
가시밭길을
헤치고 온 그 흔적

밀물

어차피
무승부인데
어깨싸움 왜 할까

흰 고무신
한 켤레가
염불소리에

댓돌에 가부좌하고
삼매경에 빠졌다

갯벌

수억 년
그을린 얼굴
세수한들 씻기랴

갯별 1

연거푸 목욕을 해도
검버섯은 여전해

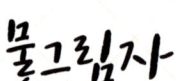

물그림자

서방님
곧은 마음이
흔들릴까 두렵다

홀어머니의 일기장

수 백 번 읽어보아도
가슴 아린 하소연

뜬소문

한 방울 흘린 눈물이
오대양을 흔든다

오륙도

막내가
너무 보고파
멈춰다오 파도야

엄마가 보낸 쑥개떡

봄내음
너무 아까워
저장한 엄마 사랑

부뚜막

까맣게 그을린 얼굴
울 엄마의 자화상

보릿고개

울 엄마
허기진 탄식
무엇으로 채울꼬

소가 웃는 이유

부리망 왜 씌웠을까
만물의 영장에게

근친覲親

두고 갈 홀어머니의
흰머리가 슬픈 밤

시집살이

시모媤母의
곳간 열쇠를
쟁취하는 시련기

짝사랑

혼자서 창살 틈으로
훔쳐보는 그리움

보리개떡

쌀보리
풋바심하는 날
허기 채운 감칠맛

떠난 후 알았습니다

당신은 그림자에도
향기가 난다는 걸

정지

문턱이
닳고 닳도록
넘나들던 배고픔

감상평

번개처럼 내리치는 섬광

시조는 오랜 전통과 함께 지켜온 우리 민족 고유의 유일한 정형시다. 더욱이 짧은 형식에 깊은 뜻을 촌철살인으로 첨예하게 함축한 단장 시조는 단 한 줄, 15자로 되어있는 세상에서 가장 짧은 시다. 문학사를 거슬러보면 일찍이 이와 비슷한 시도가 없지 않았으니 신라의 4구체 향가가 그러했고, 오언 구절의 중국 한시가 그러했다.

열일곱 자로 엄격하게 짜여있는 이웃나라 일본의 5. 7. 5조의 하이쿠도 마찬가지였다. 시가 지나치게 짧으면 잠언이 되기 쉽고 자칫 속담이나 격언처럼 단정적이기 십상이다. 이러한 양식적 제한에도 불구하고 서정적 정점을 감동으로 담아낸 박영서 시인의 『찰나가 우주를 품다』는 정형의 꽃이다. 그의 시는 번득이는 섬광이 벼락처럼 내려치는 찰나의 순간, 영원한 빛이 아니겠는가.

반영호 시인

봄의 마중물

박영서의 시는 마중물을 닮았다. 한 바가지 물로 개울과 강으로 충분히 흘러간다. 특별히 이 봄의 마중물이 봄 들판을 물들이고 초록을 키우듯 시인의 단장 시조야말로 세상을 아

우를 수 있는 힘이다. 좁쌀 한 알갱이가 우주를 품고 한 송이 꽃이 천둥과 비바람을 새기는 것처럼, 짧지만 고단한 삶의 씨줄이 되고 날줄로 걸쳐지면서 하늘은 높아지고 냇물까지 푸르러진다. 편편이 깃든 철학과 소망 때문에 용기를 얻고 꿈꾸는 날이 되는 것도 감동적이다. 참 아름다운 시조집 한 권 읽게 되어 무엇보다 기쁘다.

이정희 시인

그의 은유가 눈부시다. 찰나가 빛난다

  모름지기 사람의 향기는 안에서 품는 마음으로부터 비롯될 것으로 믿는다. 너를 향한 사랑의 꽃이 너그럽게 피기 위하여 시인의 시는 겨우내 움츠렸을 것이다. 계절 하나를 품는 시간은 길고 긴 억만년의 삶일 것이다. 완전한 봉오리를 맺고 꽃으로 피려는 찰나, 시는 무한대의 우주와 함께 태어났다. 새가 태어나기 위해 알을 깨고 나오는 시간을 갖듯 시인의 시가 깨어나 세상을 향해 명징했다. 태양의 아침으로 달의 수려한 저녁으로 밤하늘의 별빛으로 잠자는 우리의 가슴을 일깨운다. 시인의 단시가 유난히 짙은 색상으로 눈에 띄는 이유는 겨우내 꽃이 되지 못한 너의 발성과 고백을 깨우기 위함이다. 그의 은유가 눈부시다 찰나가 빛난다.

이화엽 시인

세상에서 가장 짧은 시

찰나, 우주를 품다

발행일 : 2022년 4월 20일
지은이 : 박영서
그 림 : 박미숙
펴낸곳 : 도서출판 때꼴
펴낸이 : 이화엽
주 소 : 부산 강서구 유통단지1로 41, 115동 212호
전 화 : 051) 941-4040
팩 스 : 070) 7610-7107
홈페이지 : www.ttgg.kr
E-mail : ttaeggol@hanmail.net

값 25,000원
ISBN 979-11-978529-0-9